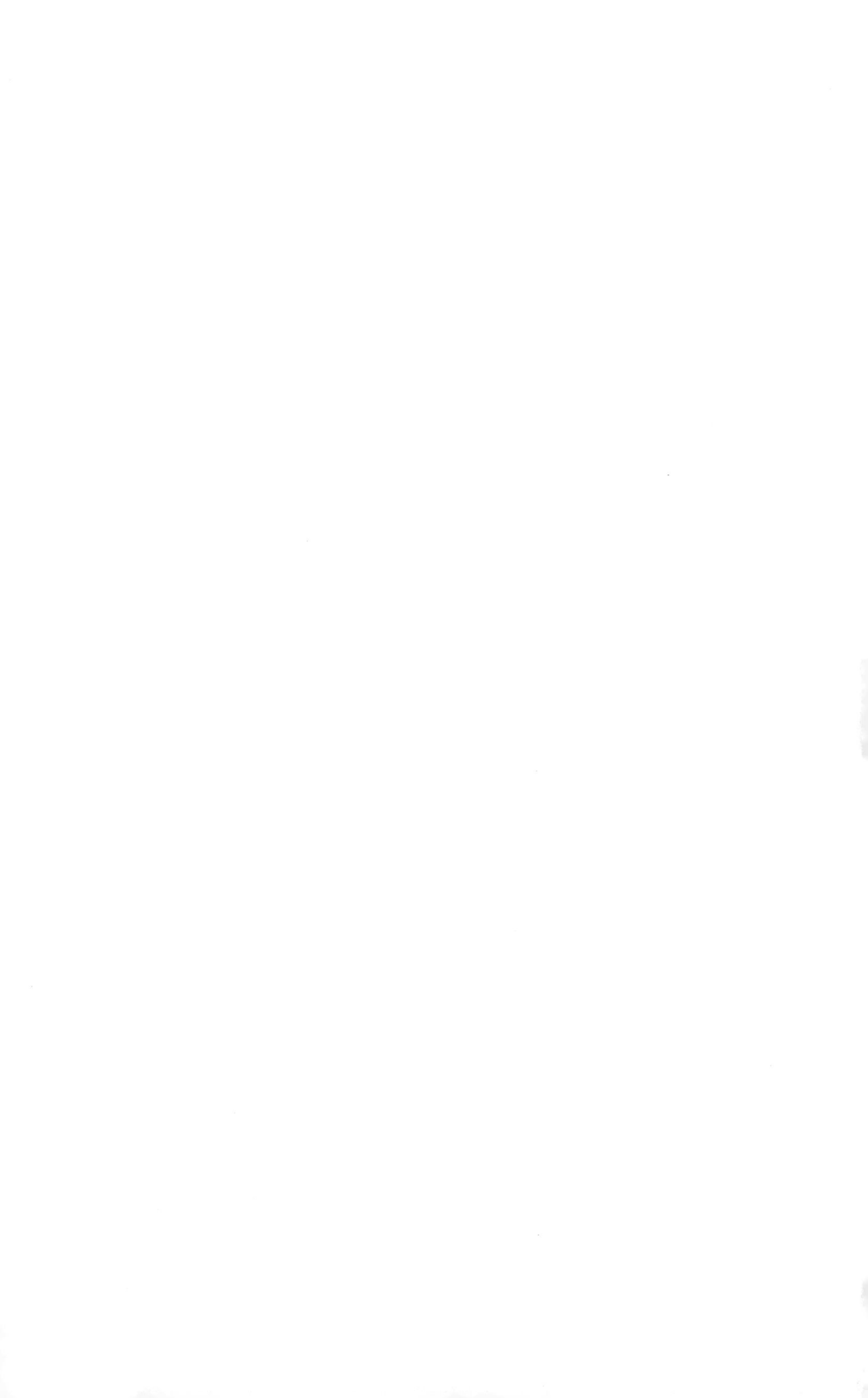

MARIA DO SAMEIRO BARROSO

OS POMARES DE JADE

Livros AEΔO

2015

Maria do Sameiro Barroso

Os pomares de jade

Poesia

Retrato da autora: Miguel Elias

Capa e ilustrações: Escultor Martins Correia

A Elsa Martins Correia agradeço a gentil autorização

para reproduzir as imagens do seu Pai,

o Escultor Martins Correia

Livros AEΔO

livrosaedo@gmail.com

ISBN-13: 978-1512094152

ISBN-10:1512094153

Produção

CreateSpace Publishing Platform

Impressão

Charleston (U.S.A.)

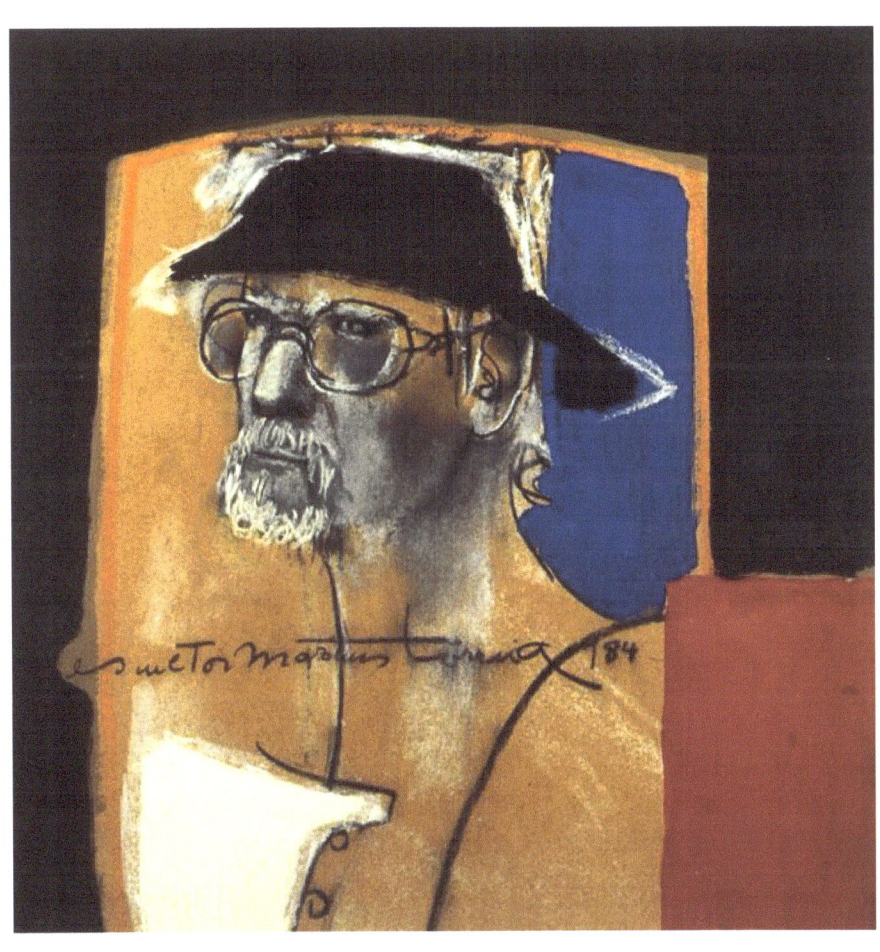

PARA O ESCULTOR MARTINS CORREIA

I

Nele, a vida e a arte reunem-se

num hino de cor e vitalidade.

Há os que se isolam nas rodas

do medo,

os que se perdem nas rotinas

de enganos,

os que invertem a luz e vivem

pelas sombras da angústia.

Outros vestem-se de verde,

são silêncio, candura

e memória,

bebem a fonte plena,

a poalha subtil,

— vivendo o ardor, a sede

e a turbulência,

com rara serenidade.

II

Serão flores, serão poemas?

O que serão estas mãos?

São mãos de artista apenas,

mãos de quem conhece a concha,

o mar, a Natureza,

revolve o tempo, a semente,

desdobra o sol, a nuvem suave,

a alma branca,

vive a noite e o eterno instante,

constrói a pedra, a linha, a imagem,

porque no corpo se funda,

na luz se engendra,

e lavra, no céu, a mancha, a cor,

a marca suprema

criada

nos pomares do coração.

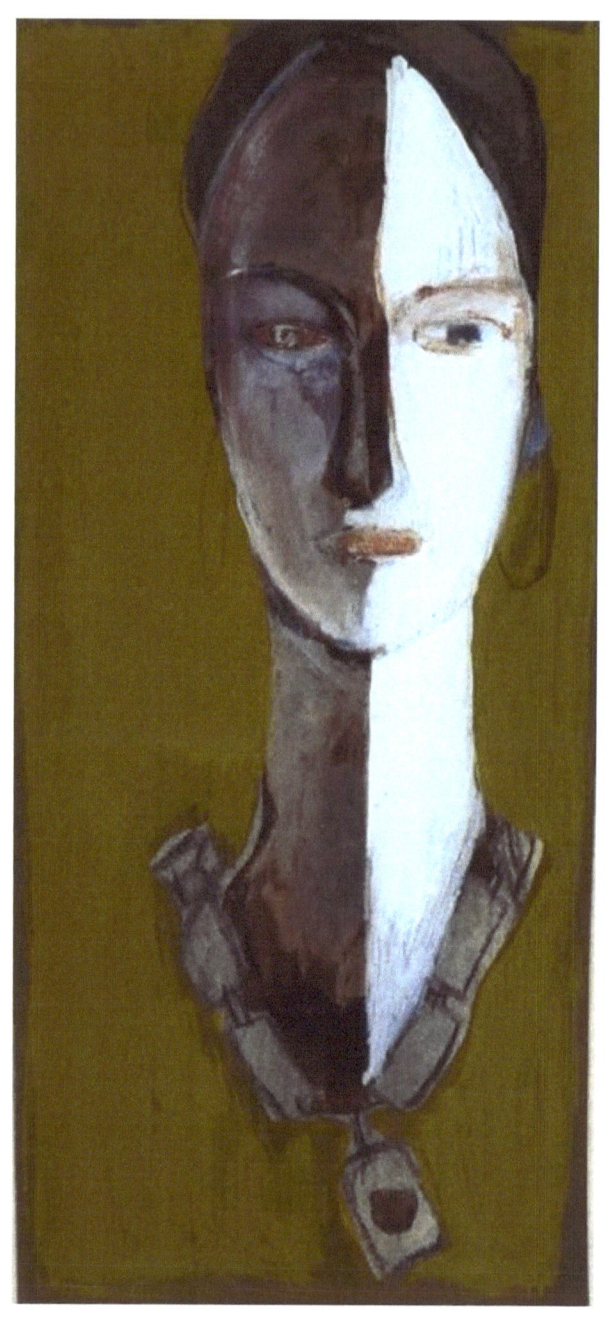

A ASA EXTREMA

A luz vem de dentro. E estilhaça as vidraças. Um rio contínuo brota, desmembrando o vento, o tempo e a razão. E as cerejas despenham-se no geminado cristal dos fulcros instáveis. Algo revolve a vida, envolve-me em pomares de jade. Alguém, que não sou eu, grita e passa, desdobra a penumbra inquieta, o intolerável ardor, a amonite impregnada, e recolhe o ouriço fossilizado na ânsia de viver.

Numa ruína antiga, um verso, uma canção, disparam o silêncio, o lacre sereno, a papoila radiosa, a tinta corrosiva, a matéria solar, entre uma estrela, um rubi, um corcel de sangue, um topázio, um gazal de flores, uma quimera inútil, uma teriaga que o tempo tornou antiga.

Alguém. Um sopro, um corpo, um nenúfar a boiar num poço fundo, uma hera que trepa, um pássaro derramado que transforma o verde, o jade luminoso, a flor do mundo. Alguém, no espaço etéreo, dispara o tempo e o corpo, algo que sou eu, entre um rasto, um som, um detrito, e abre a porta ao corpo, à diluição total, à asa extrema.

Alguém planta a treva, a crisálida minúscula, no Outono das cinzas. O vento aconchega a fúria, a dor, a mancha informe. Há que escrever a cal, a água, o solo nocturno, o ávido pensamento.

As buganvílias acompanham os meus passos, a lua negra, a sombra abundante. No tropel sedento, sou resina e fulgor de uma terra incendiada, eco de uma onda abafada que sobrevive na áspera cintilação dos brancos mármores.

Quem sou, senão uma biografia de pedras e de nuvens, um xarope de rosas, mel, um barco de amarras cortadas a flutuar no cais e na salsugem? Quem sou, senão um rosto de marfim, uma máscara de febre, uma vela roxa, um lírio, sobrevivendo ao tempo insone, tecendo o ouro perdido a flutuar num esqueleto de mar e de palavras?

Quem sou, senão a Primavera lenta que fermenta nas horas, nos dias? Alguém revolve as volutas, as circunvoluções de névoa, os centros vitais. E as guitarras pulsam no gelo, escrevendo as suas epopeias melodiosas de cordas, conchas e enigmas.

Como deter este caudal que coroa o mar, as dunas, o anil, os pulsos cortados na agonia de ser fruto, flor, crisálida adiada, semente de chuva, bala de chumbo, redil de sombras, perfil salgado sempre por nascer?

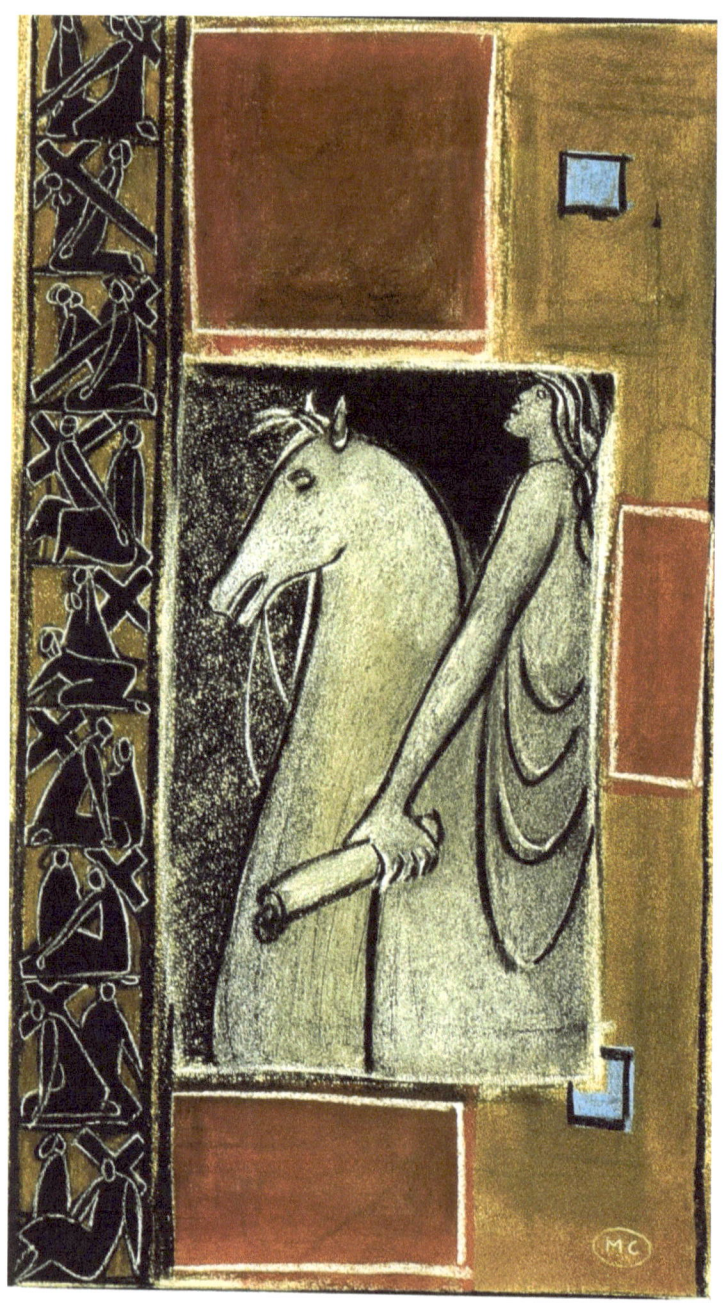

ZÉJEL DA MOURA DE GUADALUPE

No Morro da Buraquinha,

pairava na sombra sozinha.

Longe sua voz ecoava,

triste seu queixume soava,

na lua escondia o seu ouro,

suas tranças, seu tesouro.

No outeiro de Guadalupe,

tocava a Moura o seu adufe.

Nas rochas se lamentava

e seus cabelos penteava.

Não a alcançava no outeiro,

o beijo do cavaleiro.

Muitos a sorte tentaram,

mas a Moura não acharam,

presa da sorte esquiva,

chorava a bela cativa.

Até que um infante valoroso,

filho de D. Dinis, rei bondoso,

o seu alazão montou,

do Morro se aproximou.

Não temeu feitiço estranho,

preso de encanto tamanho.

Sua cintura enlaçou

e seu encanto quebrou.

E de relâmpagos se encheu,

de dirrhames, o céu de breu.

Em Coimbra, já se chama

Isabel, a nobre dama,

que seus filhos viu nascer:

Mouras, um nome a reter.

No outeiro de Guadalupe,

tocava a Moura o seu adufe.

Conta-se esta história em Braga,

entre penedos e água,

em terras de S. Vicente,

de antiga e nobre gente.

E ainda cantam ao luar,

quando a noite as vem beijar,

as Mouras de antigamente,

suas toadas de sempre.

No outeiro de Guadalupe,

tocava a Moura o seu adufe.

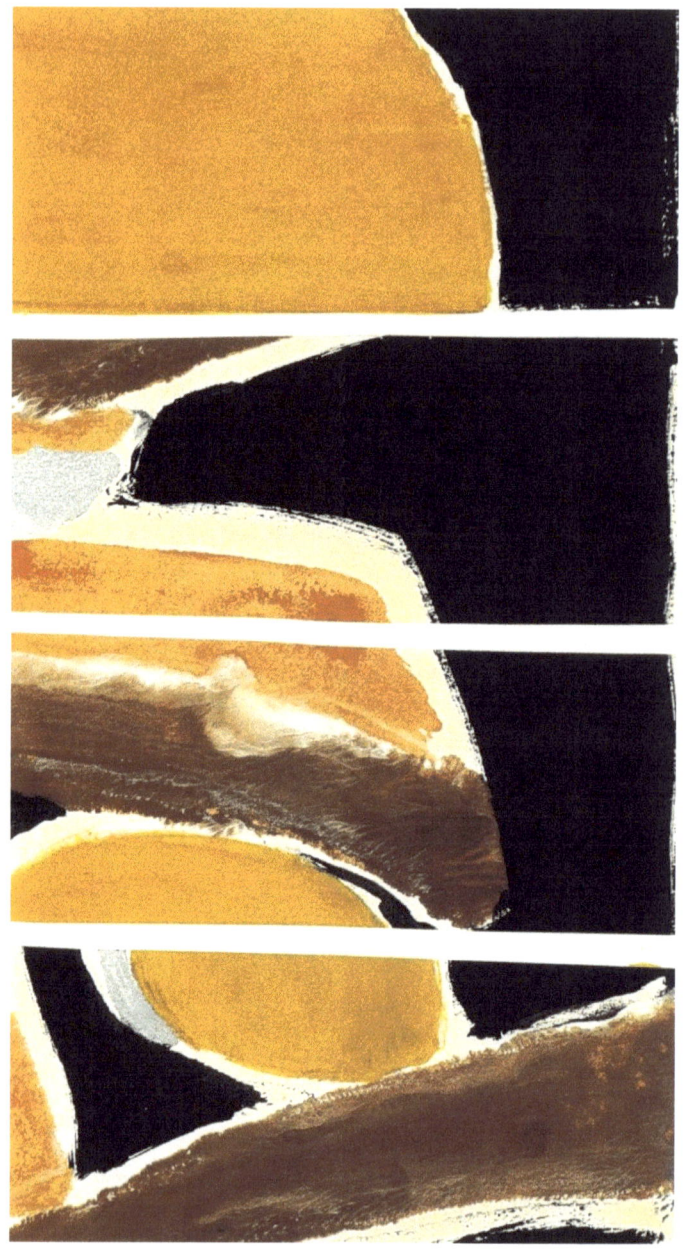

ZÉJEL PARA SILVES

Quando a noite acende o dia,

brilha o ouro e a fantasia,

entre palácios antigos,

agora, nos céus despidos,

de ouropéis e melodias.

Porque em Silves, no seu Xarajib,
viveu o rei Al Mut'amid.

Lírios, palavras, flores de lume,

pátios de fogo e deslumbre,

canções de esmeraldas negras,

desvelavam seu véu, suas presas,

na noite de cetim e febre.

Porque em Silves, no seu Xarajib,

viveu o rei Al Mut'amid.

Em salões de seda e frescura,

na sua formosa doçura,

viveram mouros e poetas,

guerreiros de ferro e profetas

de turbante e tez escura.

Porque em Silves, no seu Xarajib,

viveu o rei Al Mut'amid.

Quando das guerras repousavam,

donzelas de fina cintura dançavam.

Havia lírios, canela e lume,

versos, música e perfume,

falcões que no céu voavam.

Porque em Silves, no seu Xarajib,

viveu o rei Al Mut'amid.

Sua glória, na manhã cerzida,

não ficou nunca esquecida.

Nas pérolas de Itimad,

suspensa, a eternidade

foi chama em névoa vivida.

Porque em Silves, no seu Xarajib,

viveu o poeta e rei Al Mut'amid.

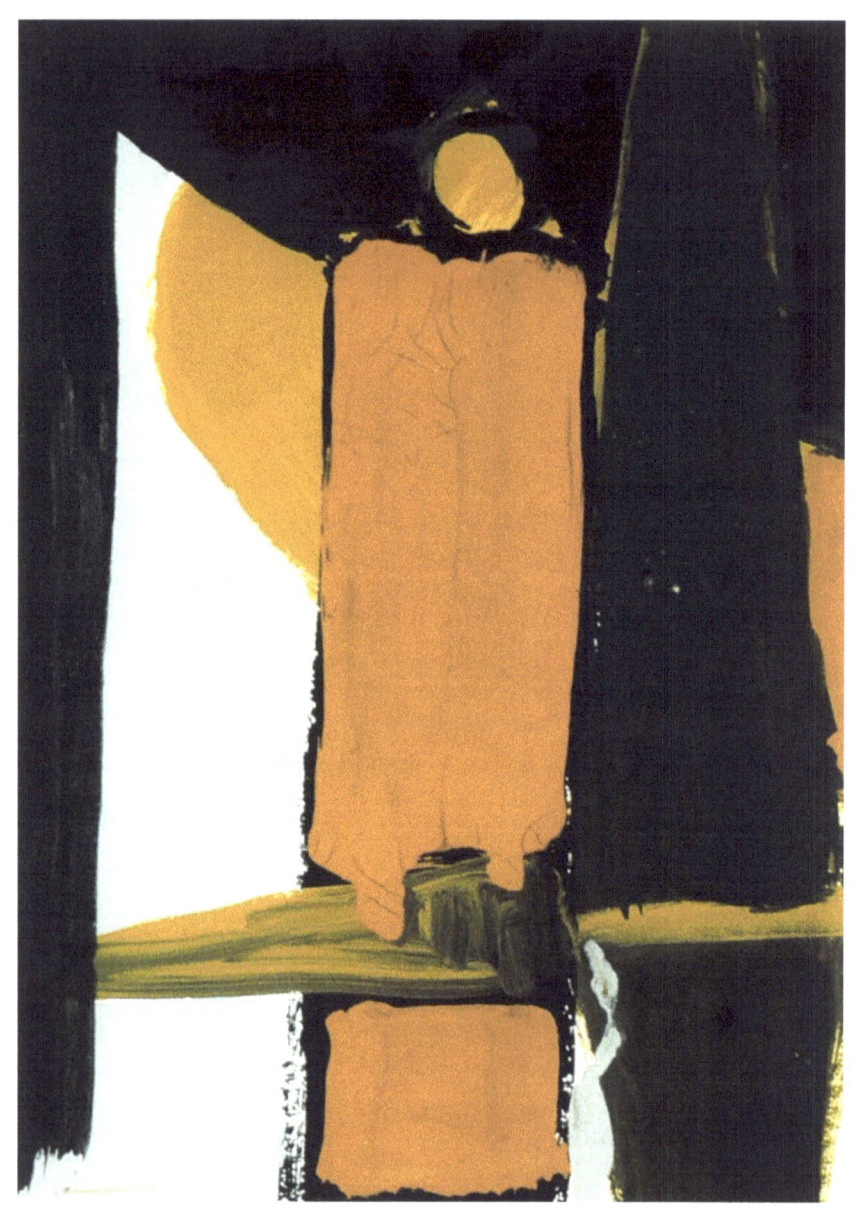

ZÉJEL PARA AL –MUT'AMID EM ÅGMAT

Em Silves, deixei a melodia,

quando o tempo entristecia.

Já se perdem na lonjura

cavalo, alegria e loucura.

Já repousa a minha espada

no palácio abandonada.

Outrora lavrei flor e rosa,

À sombra de uma árvore frondosa.

Junto aos jasmineiros cresci,

em varandas frescas vivi.

Entre topázios de esperança,

guardo fulgor e lembrança.

Do verde, guardo os castelos,

lírios, esmeraldas, canela.

Com todo o destempero amei,
nem espadas ou febre neguei.
Meus dias foram moradas,
lagos de amor, incêndios de água.

Em Silves, deixei a melodia,
quando o tempo entristecia.

Percorri o meu caminho,
o meu traiçoeiro destino.
Da minha amada formosa
guardo o aroma da rosa.

Na Primavera floresci,
numa amêndoa amanheci,
leão ferido agonizei,
quando a noite derramei.

Na frágil seda da vida,
lavrei a minha despedida.

O meu palácio, ilha branca,

é estrela que o céu encanta.

Em Silves, deixei a melodia,

quando o tempo entristecia.

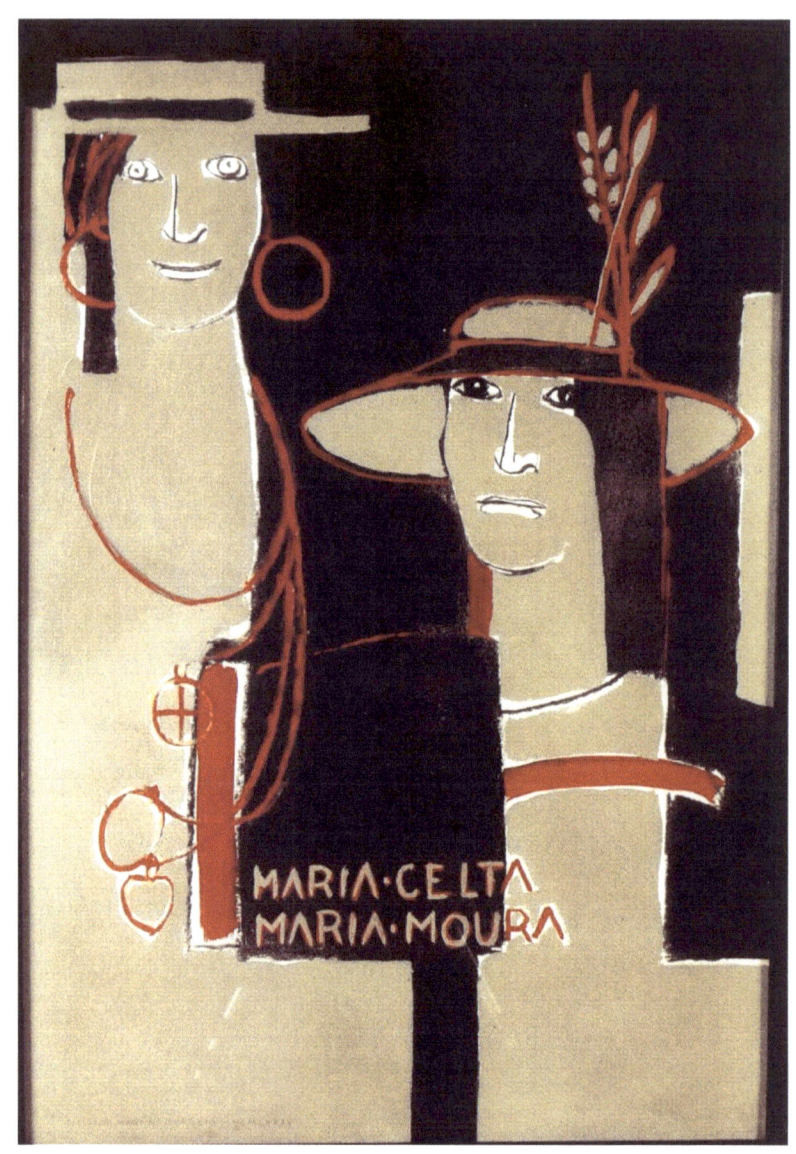

ZÉJEL DAS POMBAS DA AURORA

As sombras diluem o tempo,
espuma branca no vento.
As pombas brancas da aurora
saram as feridas de outrora.

As gelosias já se abrem,
já as sombras se desfazem.
Sementes de seda em novelo
terminam o pesadelo.

Lusos, castelhanos e mouros,
entre memórias e tesouros,
celebram agora o passado
nos alaúdes cantado.

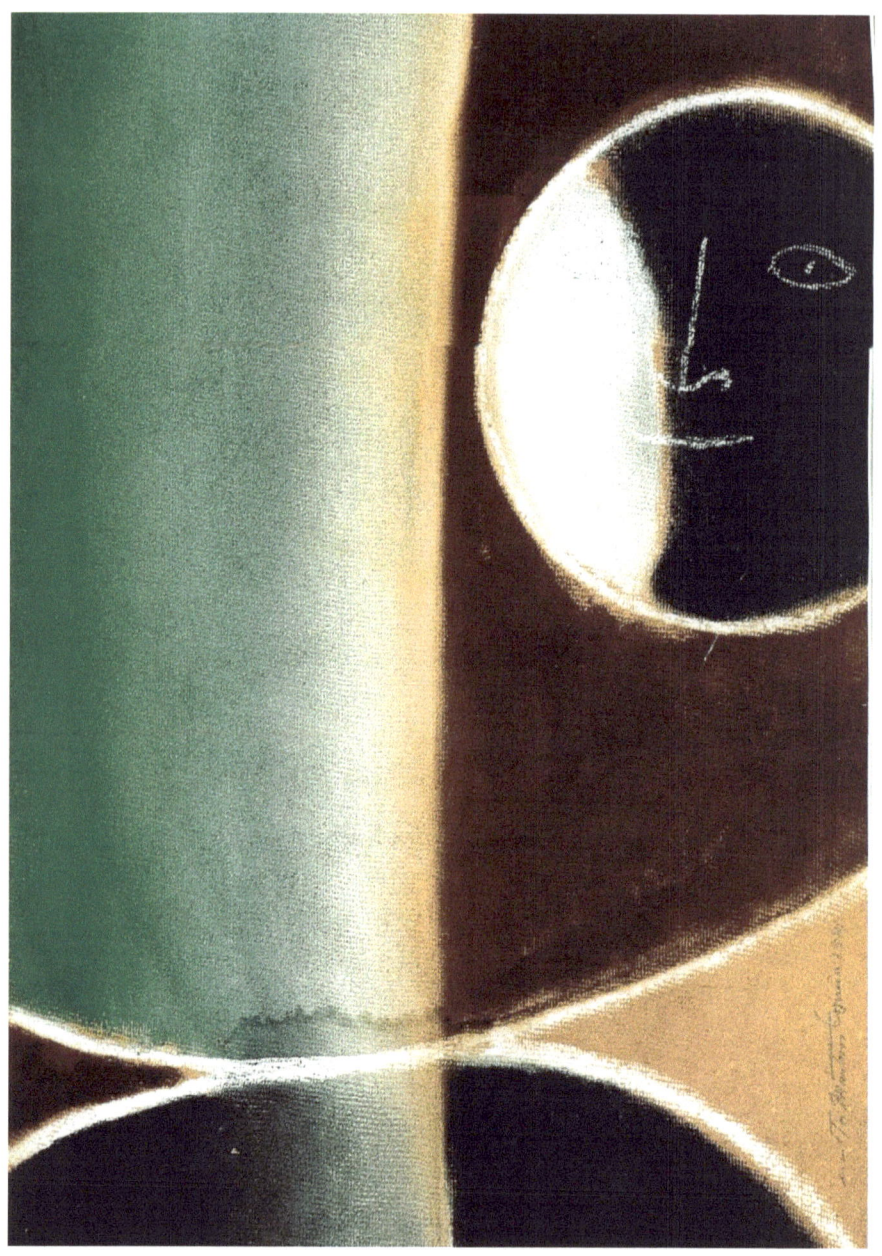

ZÉJEL PARA UM MOINHO ABANDONADO

Orvalho, canela e hortelã

despontam pela manhã.

Nos choupos, pousam os pássaros

que no passado se enlaçam.

Trazendo ecos de outrora,

ardem em silêncio agora

as lágrimas derramadas

por uma moura encantada.

Num moinho abandonado

do Este, rio encantado,

a água falava do Sul

em reflexos de prata e azul.

Cabelos de uma moura cativa
eram cicatriz, chama viva,
os salgueiros contam a lenda
que nos remoinhos se inventa.

De um cavaleiro era escrava
que sua dama sueva amava.
Pela moura não nutria amor,
nem doçura, nem ardor.

Do cristão se enamorou,
sua boca de lírios beijou.
Breve, como papoila viveu,
seu reino de névoa esqueceu.

E, hoje, ouve-se o gemido,
onde o seu peito foi ferido
pela adaga de sangue e mel
que cravou fundo na pele.

Num moinho abandonado
do Este, rio encantado,

a água falava do Sul,

em reflexos de prata e azul.

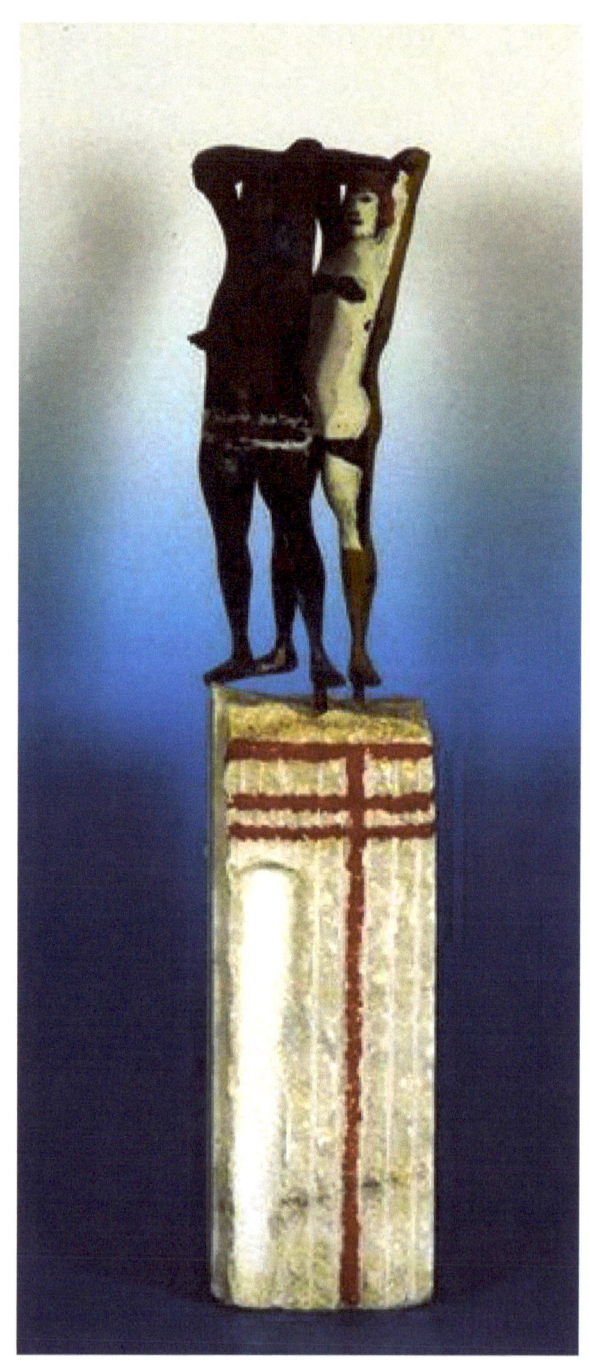

O NOME, A VERTIGEM

Não escrevas sobre os frutos,

nem sobre as lágrimas de âmbar,

junto às tílias odorosas que se abrem,

inúteis, em seu indizível fulgor.

Tudo nasce em ti, na química das ondas,

nas teriagas lunares,

nos berços débeis.

Tocas-me e o mundo arde com os frutos

que se incendeiam ao crepúsculo.

Ontem trocámos quimeras

entre redes de sombra.

Beijavas-me e o mundo rodava

na vertigem sedosa de um ébrio carrossel

de febre e gelo.

As ruas arrefeciam, as pombas flutuavam

na lucidez nocturna,

banhada pelos unicórnios brancos

que brilhavam na pureza da noite.

O mundo era uma rosa de metal,

um favo de luz, um ágil cavalo que corria

na noite cega dos sonhos perdidos.

Mas nada lamentavas na fixação incólume

dos pomares retidos sob o ouro das ondas.

Foi então que percorreste o céu, a sombra,

apertando o aço secreto

nos pulsos das janelas invisíveis.

Depois, regressaste à pedra silenciosa

dos segredos.

No teu olhar, uma rosa lunar revolvia

céus inominados de cinza, relva,

cicuta e cinábrio.

O silêncio entreabriu-se e fechou-se

de novo.

Foi então que prononciaste o nome,

a vertigem, o comando supremo,

a respiração que sofre,

o silêncio que se afoga.

Junto aos lagos estagnados, as mariposas

morriam, entre pulmões estilhaçados

e veias que sangravam,

lancetadas na cianose do vento.

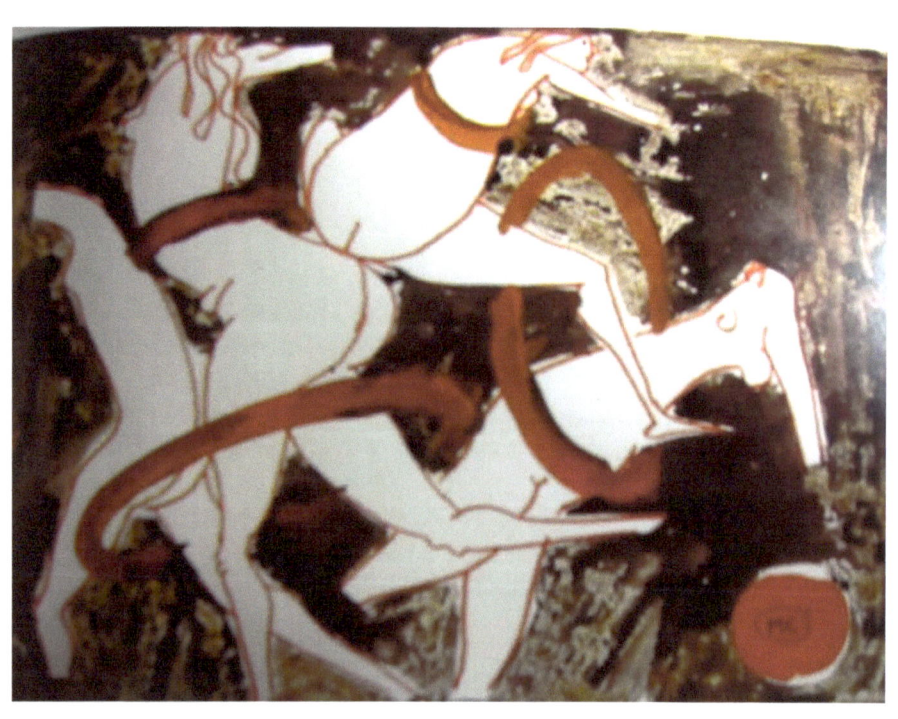

ONTEM

As romãs perderam-se no país da morte,

um sopro de treva perfura-te as órbitas, a pele,

os ossos, o vulcão dos sonhos.

A pedra é uma lira enlouquecida

que se despenha na urze,

a poesia é esse incêncio a flutuar inerte,

iluminando as paisagens brancas.

Pertence ao céu, ao crepúsculo,

ao teu corpo de febre

onde as torrentes de magma se pulverizam

em corpúsculos lunares.

Pertence ao cobre e às sementes,

o gesto plúmbeo, a orquídea insone

onde a verdade desliza à tona das palavras,

as pegadas de névoa ceifando os anjos

no silêncio último

a vindimar as rosas doentes.

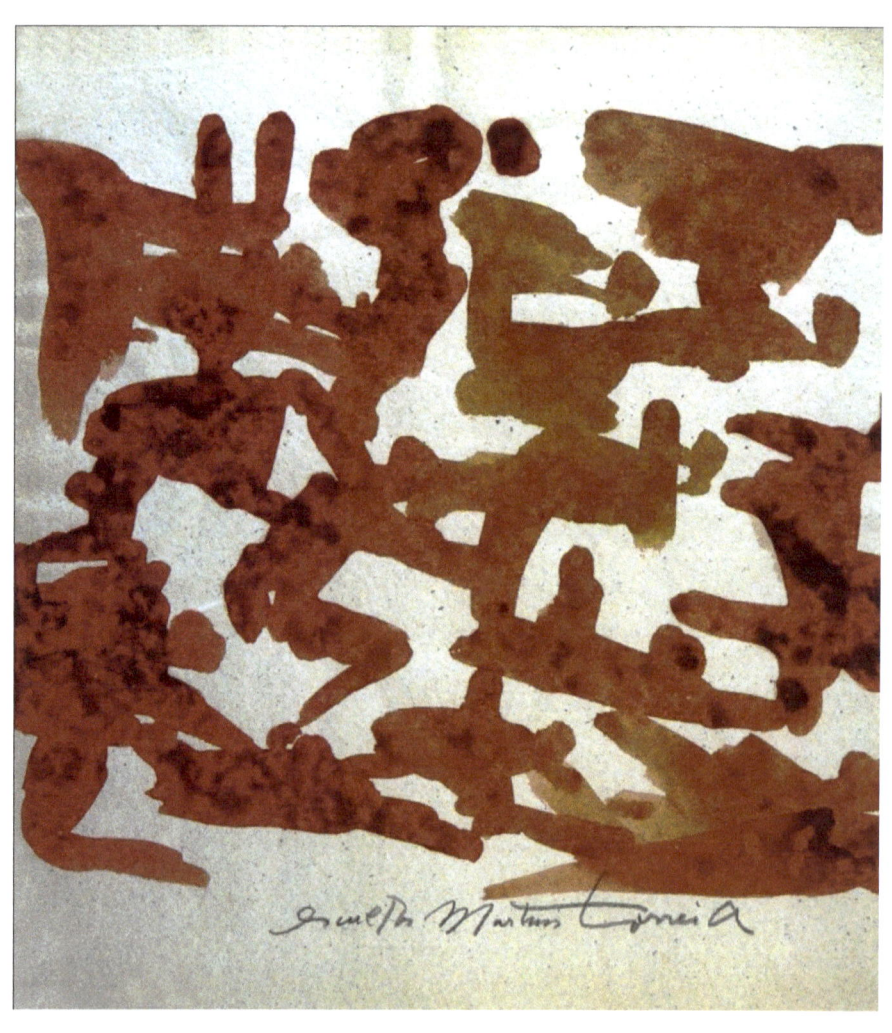

TROPEL

Tudo guardo, até o tamarindo que me deste

na varanda solta sobre os bosques

cobertos de lama e lava.

À noite, chamo por ti, como se proclamasse

a sede dolorosa dos instintos.

Sei que não o devia fazer,

mas o tropel da noite é um lençol

de luz que tudo apaga.

Guardo o teu sabor, a lua pintada

nas turquesas nuas que descem

nos teus braços e me afagam,

enlouquecendo na noite,

coroada de zimbros, sombras

e mirtilos.

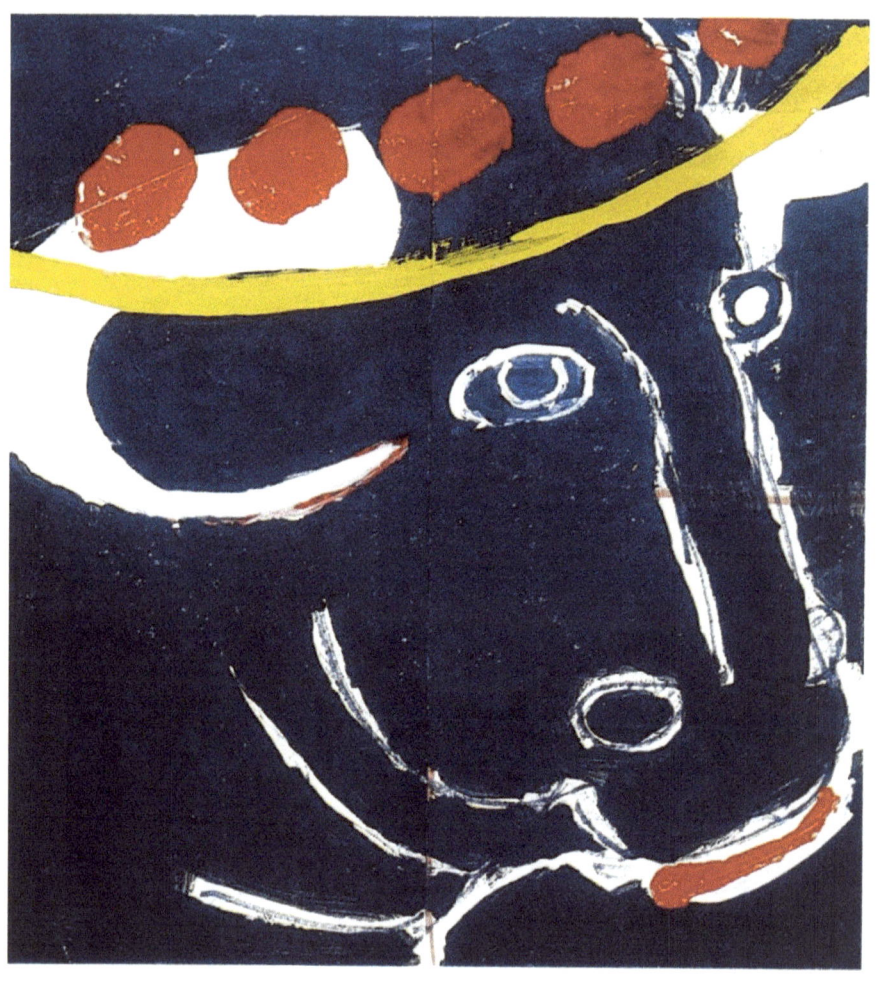

TOUROS COROADOS

Refulgem as imagens, a cor de muitos livros
e os clarões demarcam a sua luz,
neles revejo a sagração da lua e do mar,
numa vivência clara sobre a penumbra
e escrevo fábulas melodiosas,
entre touros corados,
o meu corpo reverdecendo entre sombras,
rouxinóis,
pastores vindos de poemas de Teócrito
visitando-me.

Antes já havia ilhas e a paixão suprema
que me levara a Creta ou Naxos,
aos templos e aos seus lagos sagrados,
aos frescos cobertos de princesas,
touros lendários, pelos poços negros,

em palácios de colunas vermelhas,

machados de dois gumes,

onde outrora houvera danças e música

a acompanhar antigas procissões rituais.

Foi durante uma visita à Grécia

que observei heras, fragmentos,

estátuas luminosas, entre gerânios,

cisternas íntimas, colunas jónicas,

paredes brancas, um torso do Minotauro

no Museu da Acrópole,

o palácio de Cnossos resplendendo,

no sol meridional.

As abelhas ascendiam aos lugares espaçosos,

sob caves subterrâneas, labirintos,

armazéns que guardavam o vinho

e o azeite,

em ânforas onde o azul imenso se acolhe,

entre touros brancos, crescentes lunares,

recordações de Dédalo, Pasífae,

meandros obscuros, rastos cintilantes,

Nereides de Posídon levitando na insónia.

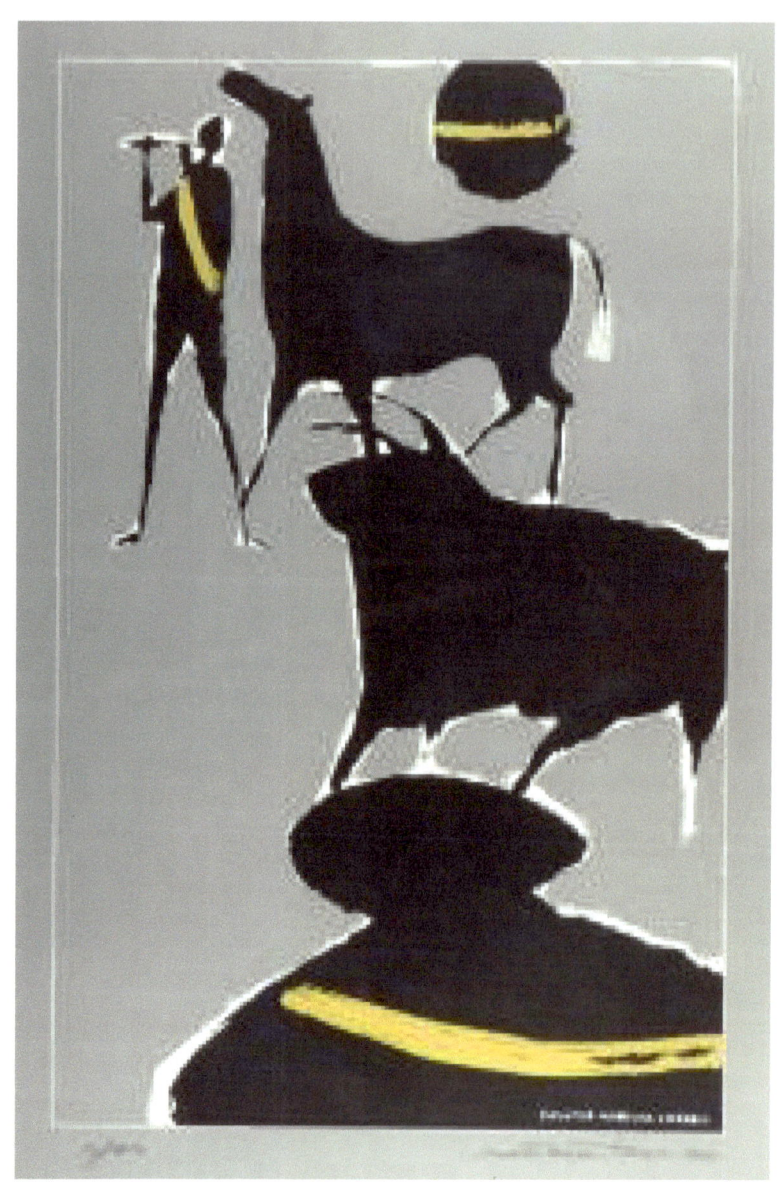

O SOL, TINTEIRO OBSCURO

Os flautistas sempre me cercaram na noite

onde o sol se desfazia entre cavalos e touros,

num mar cinzento, sob um fundo azul.

Lia as entranhas do mundo nas suas melodias,

concertando a luz com a flor silenciosa

da mais pura treva.

Era lá que as espigas brotavam.

Nos porões da infância, os pigmentos respiravam

a terra úbere do silêncio,

as cores concentravam o sol inteiro,

a noite díspar, a manhã insólita.

As mãos eram pedra, água-forte, espelho rubro,

harmonia solta, aberta à corola inteira,

ao volume, à forma, à harmonia dos dedos.

Nos fragmentos de música, as chamas alimentavam

a argila, o ardor, a mancha exposta,

o sopro que alastrava e recompunha o mundo,

nomeando o som, o martelo incessante,

o círculo mágico.

Os símbolos eram a rosa elementar,

sinergia em botão.

No sopro partilhado, as fadas e os duendes

conheciam o voo, a levíssima luz,

a semente de ouro.

No fluir das noites, na quimera dos dias,

a voz da terra, arada por sacerdotisas insones

derramava, no incenso lunar,

o negro turbilhão, o corpo, o sangue,

a lira trespassada, a harpa obscura

onde as torrentes deslizavam,

nas manhãs embalsamadas que percorriam

com afã os cântaros de água

e reconstruíam o corpo, elevado inteiro,

que rodava nas margens de aroma

que libertavam os astros, moldados no peito,

no ardor da seiva, na lira de mármore,

na génese da cinza, na árvore do poema.

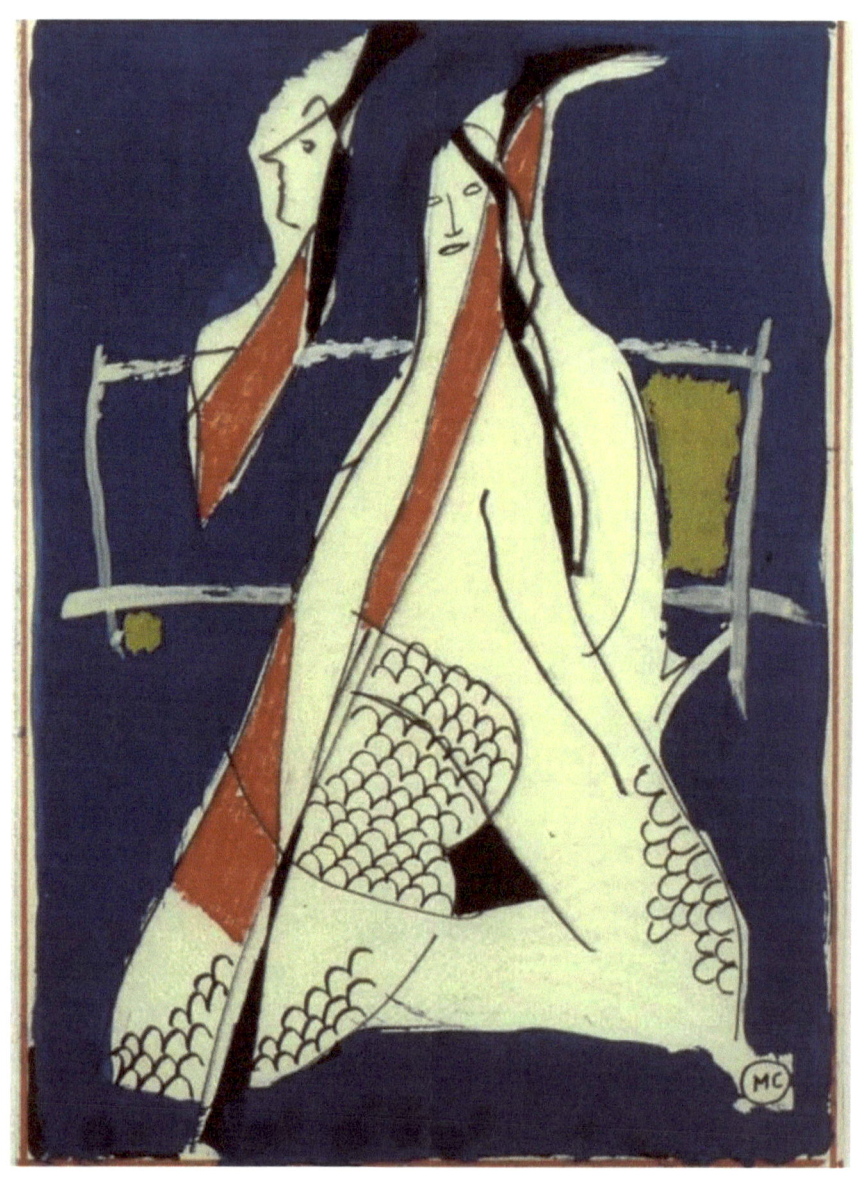

PEIXES, RENQUES DE ÂMBAR

Escrevo de uma idade de ouro,
antiga como a infância, umbrosa
e carregada como um jardim
de Hespérides.

E tudo o que retenho é sombra
tresmalhada,
pedras, vidros rodeados de aroma,
orquídeas de veludo, renques
de âmbar, peixes que rolam,
barcos, ilhas sobrevivendo,
entre camélias, portas brancas,
esfacelos de luz,
sobre pássaros demiurgos
sobrevoando

os pântanos de outrora.

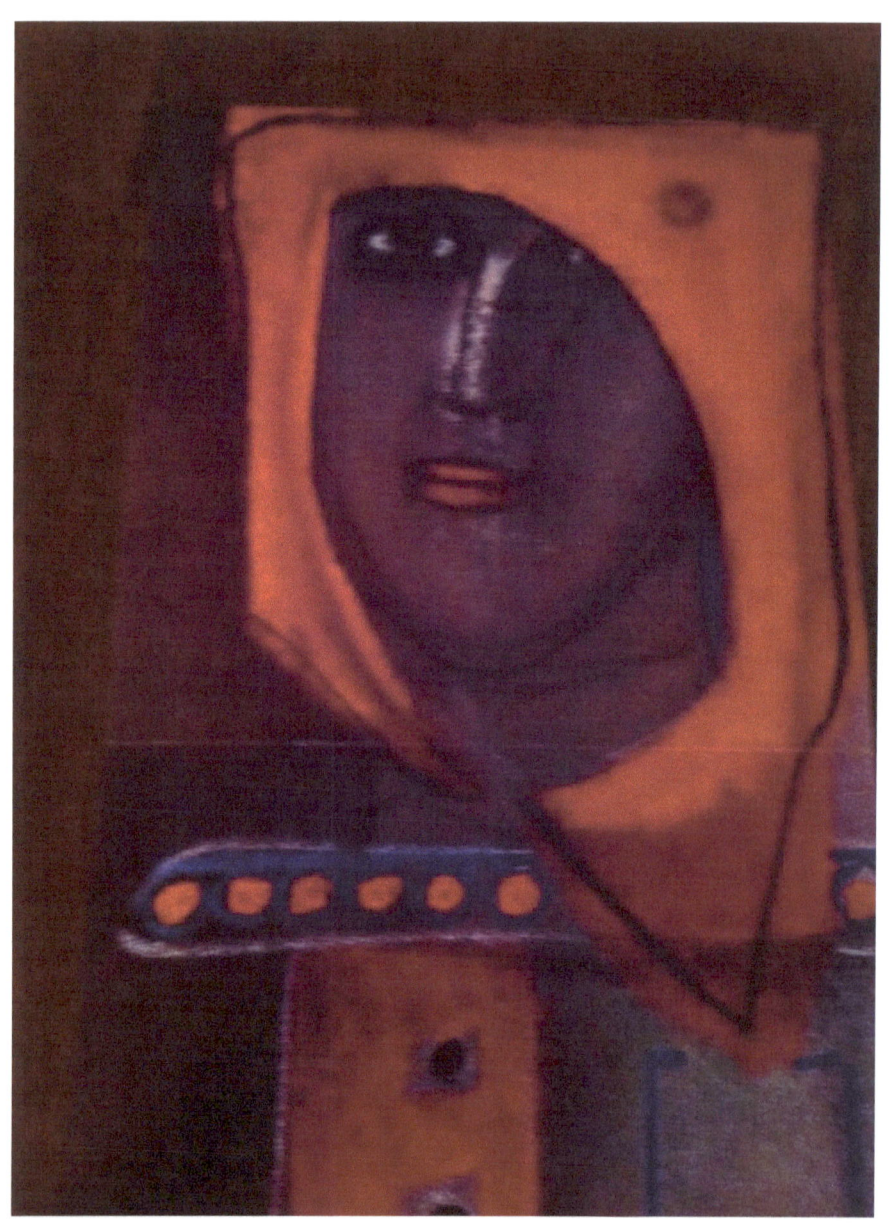

ORIENTAL

A noite é uma ilha negra, égua criadora,

esplendorosa estrela de ornamentos

e pavões,

limões de areia enleando najas/serpentes

numa batalha que pode esmagar

os sentidos, ampliando o silêncio

na terra que Ananta sustenta

em seus anéis de limbo e fertilidade,

ostentando o céu, o sol,

antídotos para um veneno,

sangue e carmesim,

janelas sobre uma paisagem

interrrompendo

uma mão imortal sobre os ombros.

ÍNDICE

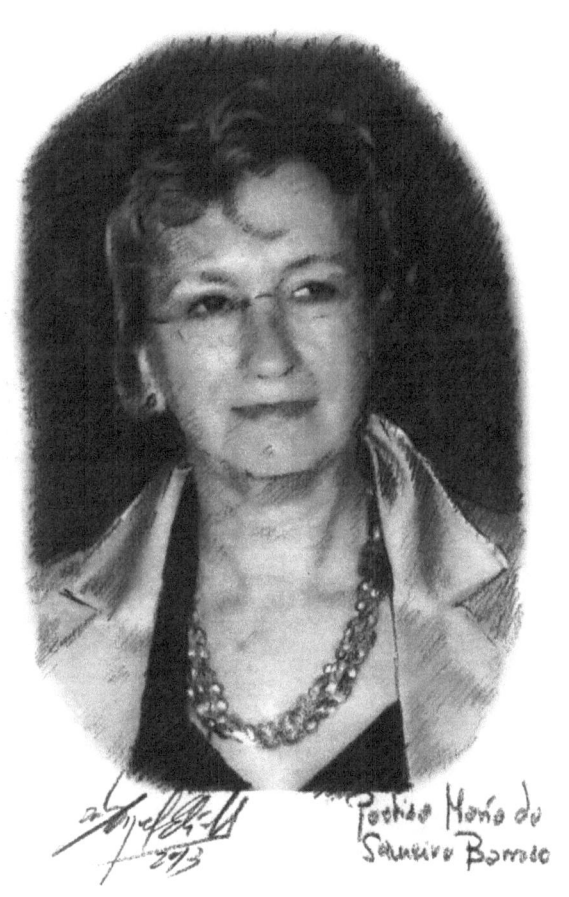

Rochío María de
Salueira Barros

MARIA DO SAMEIRO BARROSO

Nascida em Braga (Portugal), é poeta, médica, tradutora, ensaísta e investigadora, foi Vice-Presidente do Pen Clube Português de 2012 a 2014, é representante do *World Poetry Movement* (WPM), Delegada Cultural do *Liceo Poético de Benidorm* em Portugal e Membro Honorário do Círculo de Escritores Moçambicanos na Diáspora. É autora de livros de poesia, traduções e ensaios, publicados em Portugal e no estrangeiro, e organizadora de antologias, eventos culturais e participante em encontros de poesia nacionais e internacionais. Em 2013, participou no XVI Encuentro de Poetas Iberoamericanos de Salamanca. Em 2014, participou no festival "Voix Vives de Méditérranée en Méditérranée, em Sète, França e no XVII Encuentro de Poetas Iberoamericanos de Salamanca.

Foi galardoada com vários prémios de poesia, entre os quais o "Prémio International de Poesia Palavra Ibérica" (2009), com o original *Uma ânfora no horizonte*. O seu livro, *Poemas da noite Incompleta*, publicado pela Editorial Escrituras (São Paulo, 2010), foi seleccionado entre os sete livros de autores portugueses do Prémio Portugal Telecom 2011, no Brasil. O seu original, escrito em castelhano *Los molinos del tiempo* foi finalista do Prémio Pilar Fernández Labrador (Salamanca).

Títulos de poesia publicados:

O rubro das papoilas, (1987; reedição em 1997); *Rósea Litania* (1997); *Mnemósine* (1997); *Jardins imperfeitos* (1999); *Meandros translúcidos* (2006); *Amantes da neblina* (2007); *Vindimas da noite* (2008); *Uma ânfora no horizonte*, edição bilingue português-castelhano (2009); *Poemas da noite incompleta*, São Paulo, Brasil (2010); *Luas de gengibre*, 2013; Maria do Sameiro Barroso / Ahmed Mgara / Patricio González Garcia, *Zéjeles de las dos Orillas*, em castelhano (2013); *Carriles del Tiempo*, em castelhano (2013); *O corpo, lugar de exílio* (2013); *Areia do teu nome* (2013); *Idades sonâmbulas* (2013); *A cidade dos animais*, poesia infantil (2013); *Adivinar el azul*, em castelhano (2013); *A noite tem garras de seda, Textos em prosa* (2013); *Autels de Dionysos* (edição em língua francesa) (2013); *A country for feeling, English Poems* (2013); *The shell of silence, English Poems* (2013); *Aras de Dioniso* (2013); *Ilhas/labirintos* (2014); *As suturas do tempo* (2014); *Antidotum Poesia* (2014); *Um violino Sentado no éter* (2014); *A cidade dos animais*, edição ilustrada por Júlio C. Pêgo (2014); *A inquietação dos alaúdes. Poemas mouriscos* (2014); Maria do Sameiro Barroso (Org.) António Salvado, Maria do Sameiro Barroso, Maria Teresa Dias Furtado, *O Bálsamo das formas*, capa e ilustrações do Escultor Martins Correia (2014); *Autels de Dionysos* 2ª. Edição ilustrada pelo

Escultor Martins Correia (2014; *Le corps, lieu d' exil,* Revue Chiendents Nº 54, septembre 2014, Éditions du Petit Vehicule; *Os lagos sob o coração* (2015).

Contacto: msameirobarroso@gmail.com